AF243660

ADMIRABLE
ET PRODIGIEVSE
MORT DE HENRY
DE VALOYS.

A Domino factum est Istud,
& est mirabile in oculis
nostris, Psal. 117.

A LYON,

Par Iois Tantillon. Libraire demurant
En rue merciere deuant la-
masse Dort.

Auec permißion.

1589.

ADMIRABLE
ET PRODIGIEVSE
MORT DE HENRY
DE VALOYS.

Omme entre toutes les dignitez du monde il ne s'en trouue aucune plus excellente & admirable que celle des Roys, ny en laquelle reluise plus naifuement quelque rayon ou marque de diuinité: aussi n'y en a-il point de plus perilleuse, plus subiecte à mutation ou eclipse, ne qui sente

apres vne longue attente , plus
aſprement & ſubitement, les
fleſches & iugemens de l'yre
diuine, qu'ils font lors qu'ils de
degenerent de l'excellent de-
gré d'hōneur, auquel Dieu les
auoit appellez, & notamment
alors qu'ils ſe bandent contre
ſon Egliſe : ainſi que nous en
auons pluſieurs exemples en la
ſainote eſcriture,& que de nou
ueau il eſt ſuccedé dignement
à Henry de Valois.

On ſçait que Henry de Va-
lois s'eſtoit par cy deuant cou-
uertement ligué auec aucuns
Proteſtans d'Allemagne, auec
la Royne g'Angleterre & Hcn-
ry de Bourbon , ennemis ca-

pitaux de l'Eglise Catholique, taſchant ſous main par leurs forces, contrefaiſant le Catholique & Roy Tres-Chreſtien, neantmoins hypocrite & apoſtat, faire q̃ l'illuſtre & Royale maiſon de Lorrainē, ſupport de l'Egliſe , ſeroit accablee tout à vn coup : cõmme il en eſt apparu en l'an 1587. Toutesfois Dieu y remedia, & feit pour ceſte fois que les bras des Princes Lorrains, auec peu de puiſſance, rabatirent l'orgueil de ces heretiques, en pluſieurs attaques & finalement à la deffaitte d'Auneau : deliurans la France de leur grande armee, par le moyen de laquelle ils a-

auoient deliberé y plâter l'heresie par tout. Nonobstant ce
seruice tant remarquable (ou-
tre autres infinis & autant ou
plus signalez faits à la France,
& par eux & leurs predecef-
seurs d'ancienneté tres-Catho-
liques) Henry de Valois auec
ses mignons heretiques , &
san-sues du peuple , ne laissent
pourtant à machiner l'entiere
ruyne de ceste maison , sans
quoy il ne pouuoit aucune-
ment paruenir à ses desseins (&
de ses complices) premedirez
de long temps : pour , planter
l'heresie en France, y abolir on
tierement la Religion Catholique. Et affin d'y paruenir,

voyant qu'il n'auoit peu par la
conſpiration faicte parauant
les barricades, executer vne
partie de ſon deſſein, lors qu'il
vouloit faire mourir honteu-
ſement les principaux Catholiques de Paris, afin de dimi-
nuer & eſtonner la ſocieté d'i-
ceux : où inopinément & mi-
raculeuſement Mõſieur le duc
de Guyſe ſe trouua, qu'il taſcha
meſmes à y faire auſſi accabler:
Cetyrã, ennemy de Dieu, met
en auant qu'il eſtoit beſoing
faire tenir les Eſtats, là où il
ſçauoit que la plus grande partie des Princes Lorrains ne ſau
droit à ſe trouuer : ſachãt qu'ils
en eſtoient deſireux, pour re-

mettre

mettre chasque chose en son entier. En ce lieu de respect & inuiolable, assemblez & tenans lesdits Estats, dans son cabinet, faisant venir môsieur de Guyse, soubs pretexte de luy vouloir communiquer aucune chose de consequence, Il l'à fait massacrer cruellemét, & le lendemain continuant sa fureur, il feit aussi massacrer monsieur le Cardinal son frere, sacré & dedié à Dieu: l'vn & l'autre Protecteurs & deffenseurs de l'Eglise. Par là de plus en plus on descouuert son ame mauuaise & traitresse, mesme lors que tout a fait son apparues les ligues qu'il auoit auec

les

les heretiques : car luy mesme
ayant durant lesdits Estats fait
declarer Henry de Bourbon,
incapable de succeder à la cou
ronne, pour son heresie : neantmoins il l'a fait venir en armes
contre l'Eglise, & l'a designé
Roy de France. Ils sont venus
près Paris menaçans de la perdre, & faire passer par feu ou
sang tous les Catholiques.
Quelques vns estoient en dou
te de leur salut, & les Politiques se promettoient d'y intro
duire Henry de Valois : Dieu
l'en a empesché, par ce que de
telle vie telle fin, laquelle a esté
telle.

Vn Iacobin, prestre, nommé

frere Iacques Clemét (du mef-
me nõ qu'eftoit le mot du guet
lors du maffacre à Blois: car
le mot eftoit fainct Clement)
aagé feulement de 23. ans, na-
tif d'vn village dit Sorbonne,
à 4. lieus lez Sens en Bourgon
gne, fort fimple, mais deuo-
tieux, & toufiours preft de faire feruice à vn chacun : apres
l'affaffinat de Meffieurs les
Duc de Guife & Cardinal, por
tant bien molefteiméت les trou-
bles tant grands, apprehendát
qne l'Eglife Gallicane ne fuft
oppreffee, comme celle d'Angleterre, fe mit en prieres vers
Dieu: alloit iournellement aux
proceffions nud, & nuds pieds

si non couuert d'vne simple
aube. Dés ce temps (qui estoit
au mois de Ianuier, lors qu'il
gelloit tres-fort) il luy print volonté de deliurer la France du
tyran qui l'oppressoit & vouloit perdre, & de fait il dit à plu
sieurs de ses compagnoos que
Henry de Valois ne mourroit
iamais d'autre main que de la
sienne, ce qu'il l'eur reieteroit
bien souuent:dont tous en ge-
neral se gaussoient de luy, esti-
mans que cestoit quelque le-
gereté qui luy faisoit dire cela,
à cause dequoy ils le tenoient
quasi pour troublé de son es-
prit:ioinct qu'il leur sembloit
qu'il auoit du tout passé ceste

fantafie, lors que les Catholiques feirent de beaux exploits
de guerre au Vandofmois &
pres Tours: mais quád Senlis fe
reuolta, il tomba de rechef en
cefte volonté, qui eftoit, ce di-
foit-il toufiours, d'aider à l'E-
glife: ce qui continua de plus
fort en luy, apres la rendition
de Pontoife, mais on l'eftimoit
encores comme au parauant:
iufques à ce que Dimanche,
dernier, pénultime de Iuillet,
il dit meffe. Le lendemain au
matin il fe confeffa, comme il
faifoit bien fouuent, & print
congé de quelques vns de fes
compagnons, leur difant qu'il
alloit à Orleans: qu'ils priaffent

Dieu pour luy : qu'il doutoit
de ne les plus reuoir, & que
dás trois iours ils entendroyét
de ses nouuelles. A quoy ils ne
prindrent point d'esgard. Au
lieu d'Orleás ils s'en ala aut pôt
S. Cloud, où estoit Henry de
Valois, venant assieger Paris,
pour la mettre à feu & à sang.
On ne sçait bonnement comme il acheta vn cousteau, &
comme pour auoir accez vers
le Roy il auoit eu subtilement
lettres de creance d'aucuns Politiques de ceste ville, afin de
moyenner la liberté du Com-
te de Brienne, & d'autres pri-
sonniers estans icy. Quoy
qu'il en soit, arriué a S. Cloud

il eut accez à Henry de Valois,
mardi dernier, iour de sainct
Pierre aux liens : & luy ayant
baillé quelque papier dans son
cabinet (lieu que luy-mesme
Henry auoit auparauāt violé)
il le frappa subitement de trois
coups d'vn cousteau (qu'il a-
uoit soub son habit) dans le
petit ventre, dont le tyran est
mort la nuict ensuiuante le pre
mier iour d'Aust, sur les deux
heures apres minuict, aupar-
auant que l'an fust expiré, de-
puis le massacre par luy perpe-
tré pédāt les Estats à Blois. Le
Religieux fut incōtinēt mis en
pieces, sacrifiāt son corps pour
l'Eglise militāte, & deliurer le

Peuple de tyránie : Il nous faut croire qu'il est bien-heureux.

Voilà la fin du tyran, laquelle a esté autant mal-heureuse comme bien-heureuse celle du pauure religieux, & ne faut douter que cen'ait esté par l'expresse permission de Dieu, lequel lors que nous pensions estre plus obliez de luy, cest alors qu'il en a eu d'auantage de soing. Quelques Politiques ne voirront volontiers cest escrit & en murmureront : mais les Catholiques en loueront Dieu,& le prieront pour la santé des Princes, supports de son Eglise.

F I N

PAr commandement de
Monseigneur le Marquis
de S. Sorlin Gouuerneur, à
l'absence de Monseigneur
le Duc de Nemours son
frere.

A permis à Loys Tantil-
lion. Libraire de Lyon Im-
primé Le traicte de la mort
de Henry de Valois.